DESCRIPTION DE LA ROTONDE DES PANORAMAS

élevée

DANS LES CHAMPS-ELYSÉES

précédée

D'UN APERÇU HISTORIQUE SUR L'ORIGINE DES PANORAMAS ET SUR LES PRINCIPALES
CONSTRUCTIONS AUXQUELLES ILS ONT DONNÉ LIEU

PAR

J.-J. HITTORFF

Architecte des travaux d'embellissement de la place de la Concorde et des Champs-Elysées,
Membre des Académies de Berlin, de Munich, de Milan,
de l'Institut des Architectes britanniques et de plusieurs autres Sociétés savantes et artistiques
de la France et de l'Étranger.

(Extrait du 2ᵉ Volume de la Revue Générale de l'Architecture et des Travaux publics.)

PARIS

AUX BUREAUX DE LA REVUE GÉNÉRALE DE L'ARCHITECTURE ET DES TRAVAUX PUBLICS,
6, RUE DE FURSTEMBERG.

1842

à Monsieur Reynaud, architecte, Professeur
d'architecture à l'École Polytechnique. Delagardette?
l'auteur

DESCRIPTION

DE LA

ROTONDE DES PANORAMAS

ÉLEVÉE

DANS LES CHAMPS-ÉLYSÉES.

TYPOGRAPHIE LACRAMPE ET COMPAGNIE, RUE DAMIETTE, 2.

DESCRIPTION

DE LA

ROTONDE DES PANORAMAS

ÉLEVÉE

DANS LES CHAMPS-ÉLYSÉES

précédée

D'UN APERÇU HISTORIQUE SUR L'ORIGINE DES PANORAMAS ET SUR LES PRINCIPALES
CONSTRUCTIONS AUXQUELLES ILS ONT DONNÉ LIEU ;

PAR

J.-J. HITTORFF,

Architecte des travaux d'embellissement de la place de la Concorde et des Champs-Élysées ;
Membre des Académies de Berlin, de Munich, de Milan,
de l'Institut des Architectes britanniques et de plusieurs autres Sociétés savantes et artistiques
de la France et de l'Étranger.

(Extrait du 2ᵉ Volume de la Revue Générale de l'Architecture et des Travaux publics.)

PARIS.

AUX BUREAUX DE LA REVUE GÉNÉRALE DE L'ARCHITECTURE ET DES TRAVAUX PUBLICS,
5, RUE DE FURSTEMBERG.

—

1842.

DESCRIPTION

ROTONDE DES PANORAMAS

DANS LES CHAMPS-ÉLYSÉES.

Lorsqu'un architecte se trouve chargé de l'érection d'un édifice, soit sur un programme donné, soit d'après des indications dont il aura lui-même à combiner les éléments, son premier devoir est de réunir les matériaux qui peuvent l'aider à remplir de la manière la plus complète son importante mission. Ces matériaux, souvent nombreux pour des constructions d'une destination usuelle, ne pouvaient l'être pour le genre d'édifice dont il s'agit, la création de ceux-ci ne remontant pas au delà de la fin du dernier siècle.

Quoique les Allemands attribuent l'invention des dessins des panoramas au professeur Breisig, de Dantzig, il est généralement admis que cette découverte est anglaise, et que ce fut Robert Barker qui exposa, en 1793, le premier panorama dans la ville d'Édimbourg, en Écosse, et ensuite à Londres.

Le nom de panorama, composé de deux mots grecs (πάν tout, et ὅραμα vue, c'est-à-dire, *vue d'un tout*), n'est applicable rationnellement qu'à une peinture proprement dite qui représente une vue générale, et non au bâtiment qui sert à son exposition. Néanmoins, on a jusqu'ici donné ce nom et à l'édifice et à la peinture. Le panorama consiste dans l'exécution d'un tableau qui offre les divers aspects de toute une contrée, telle qu'elle se développe dans la nature, sur l'entière circonférence de l'horizon, lorsque, placé dans un endroit élevé, on suit, en tournant la tête, l'ensemble des sites que l'œil peut embrasser. L'idée de tracer et de peindre ces aspects sur une toile circulaire, sans solution de continuité, est ce qui, avant tout, forma la base de cette application nouvelle de la peinture. Un mur également circulaire ou rotonde propre à recevoir cette toile déroulée et exposée aux regards, ayant un plateau élevé au centre, devint donc la donnée principale de l'édifice. Mais une pareille peinture ne pouvant tirer son entier effet que du jour qui devait l'éclairer, sans qu'on pût en apercevoir la source, le progrès de l'invention consista, d'abord, à faire venir la lumière d'en haut de manière que les rayons lumineux tombassent exclusivement sur le tableau; ensuite à empêcher toute comparaison immédiate entre la lumière véritable et la lumière artificielle du dedans, la seule que l'artiste ait à sa disposition. Pour qu'on puisse obtenir ce résultat, l'arrivée dans l'intérieur doit avoir lieu au moyen de corridors entièrement obscurs. En détruisant ainsi peu à peu l'impression du jour naturel, on donnait à la lumière peinte l'apparence de la lumière réelle. Conduit mystérieusement sur le plateau central de la rotonde, le spectateur ne pouvait deviner la cause de la brillante clarté qui l'environnait. N'apercevant ni la limite inférieure ni le bord supérieur du tableau, cachés à sa vue, c'est-à-dire son commencement ni sa fin, il se perdait, pour ainsi dire, dans une immensité dont il ne pouvait se rendre compte. Sous l'influence des moyens matériels les plus ingénieux, joints aux ressources artielles les plus puissantes, pour donner à l'illusion l'aspect de la vérité, on conçoit comment, dans la représentation des panoramas, l'application de ces moyens et de ces ressources peut produire les effets les plus merveilleux de la nature.

Nous n'avons aucune donnée sur les constructions qui ont servi à l'exposition des premiers panoramas en Angleterre. Il est probable que les deux rotondes élevées au commencement de ce siècle, à Paris, sur le boulevard Montmartre, presque à l'entrée du passage qui doit son nom à ces constructions, et qui reçurent les premières peintures de ce genre, dont le système venait d'être importé en France par Robert Fulton; il est probable, dis-je, que ces deux rotondes furent une imitation des panoramas anglais. Elles n'avaient que 14 mètres de diamètre, avec un plateau, au centre, de 18 mètres de circonférence. En pensant à cette dimension restreinte et au peu d'illusion que la proximité entre le spectateur et le tableau devait offrir, on a droit d'être étonné du grand effet que produisirent ces panoramas, exécutés par M. Prévost, et qui firent dire à David, le régénérateur de l'École française, lorsqu'il eut passé quelques heures à les admirer avec ses élèves : « Vraiment, Messieurs, c'est ici qu'il faut venir pour étudier la nature. »

Mais si ces vues panoramatiques de M. Prévost jouirent d'un tel triomphe, la première cause en résidait dans l'enthousiasme qu'inspire toujours une chose nouvelle et extraordinaire, quoiqu'elle ne soit pas encore arrivée à sa perfection. Aussi ce fut une récompense bien honorable pour cet artiste, lorsque les travaux ultérieurs qu'il exécuta dans une nouvelle rotonde plus spacieuse lui valurent des succès continuels plus beaux et plus durables. C'est à partir de cette époque que M. Prévost doit être justement regardé comme un second créateur de cette invention, gloire d'autant plus précieuse que la supériorité de ses panoramas consista moins dans tel ou tel perfectionnement apporté à la partie architecturale et aux combinaisons optiques du premier inventeur, que dans le sentiment et le goût du peintre, habile paysagiste, qui sut arriver au plus haut degré de l'illusion et de l'intérêt, tant par le talent avec lequel il employa la perspetive linéaire et aérienne, que par l'heureux choix des sites qu'il reproduisit. Il n'est, en effet, pas un artiste de cette époque qui ne se rappelle, avec un véritable ravissement, les vues de Jérusalem et d'Athènes. Ceux qui avaient eu le bonheur de visiter ces villes célèbres croyaient ne les avoir pas quittées, et ceux à qui la fortune n'avait pas accordé cette faveur pouvaient s'y croire transportés.

Cette nouvelle rotonde, élevée par M. Prévost, était située entre la rue Neuve-Saint-Augustin et le boulevard des Capucines. Elle se composait d'un mur circulaire en moellon, dont le diamètre intérieur était d'environ 32 mètres, et qui avait 16 mètres d'élévation. Un pilier, au centre, sur lequel venaient se réunir les arbalétriers de toute la charpente et duquel partaient des jambes de force, à la hauteur de la sablière du comble, servait à en soulager la portée. La plate-forme du milieu, qui s'appuyait en partie contre le pilier du centre, et en partie sur des poteaux élevés au pourtour, avait 11 mètres de diamètre. Le jour arrivait par une zone de châssis vitrés, établis dans la partie inférieure du comble.

Entourée de terrains vagues ou enclavée dans des constructions particulières, la rotonde, dont l'extérieur n'offrait qu'un mur grossièrement enduit, et dans laquelle on arrivait du boulevard au moyen d'un corridor d'à peu près 15 mètres de parcours, ne s'annonçait au dehors que par une porte à pilastres ioniques. C'était, comme on voit, une construction dans laquelle l'intérêt particulier n'avait eu en vue que de satisfaire strictement et avec le moins de frais possible aux exigences de sa destination.

Après 1823, époque de la mort de M. Prévost, dont les tableaux paraissaient ne pas pouvoir être surpassés, il était réservé à **M. Ch. Langlois** de faire faire aux résultats déjà obtenus un nouveau pas, un pas immense, vers la perfection, en ajoutant à toutes les illusions connues celle d'associer à l'ensemble du site représenté le lieu même qui servait à recevoir les spectateurs. Dans son célèbre tableau de la bataille de *Navarin*, cet emplacement fut transformé en un vaisseau, avec tout son armement et son gréement, dont l'extrémité se réunissait par degrés, au moyen de la réalité du relief et de la forme des demi-reliefs et de la peinture, à la toile du fond. Ce tour de force de l'art et d'une ingénieuse industrie pour arriver au *maximum* d'illusion, fut couronné d'un succès qui fera époque dans l'histoire des panoramas.

A part l'augmentation du diamètre intérieur, porté par M. Langlois de 32 à 35 mètres, et la diminution de la hauteur des murs, réduits à 12 mètres au lieu de 16, la rotonde, élevée rue des Marais-du-Temple, dans laquelle le panorama de Navarin fut exposé, était conçue d'après un même système de construction que celui de la rotonde du boulevard des Capucines. Il se composait d'un mur circulaire, en moellon, sans aucune décoration à l'extérieur, et d'un poteau central supportant partiellement le poids du comble. Ce fut en transformant ce poteau en grand mât, comme le plateau avait été transformé en pont de vaisseau, tandis que les corridors formèrent toutes les autres parties de l'intérieur du navire, que M. Langlois mit le comble à l'illusion. Il produisit une si extraordinaire apparence de la réalité, qu'elle n'a pas été dépassée depuis et qu'elle en fixera peut-être les bornes.

Dans le même temps, à peu près, où M. Langlois exposa sa nouvelle conception, une construction plus importante que toutes celles qui avaient été élevées à Paris et ailleurs, s'exécutait à Londres, pour recevoir la vue panoramatique de cette capitale. M. Thomas Horner, fondateur et propriétaire de l'entreprise, fit peindre ce panorama d'après les esquisses dessinées par lui-même, au sommet de la coupole de l'église de Saint-Paul, pendant les étés de 1822 à 1824. Il profita, à cet effet, des échafauds construits à l'occasion du remplacement de la boule et de la croix qui couronnaient autrefois le monument, par la boule et la croix qui le couronnent aujourd'hui.

Cet édifice, élevé à l'entrée de *Regent's-Park*, porte le nom de *Colósseum*. Il fut commencé en 1824, et ouvert au public en 1829. Le plan est un polygone à 16 faces, dont le diamètre intérieur, mesuré d'un angle à l'autre, est d'environ 38 mètres; une coupole à plein-cintre en forme la couverture, et le jour y pénètre du sommet par une lanterne vitrée de 11^m 50 de rayon. Un portique à 6 colonnes d'ordre dorique grec, de 1^m 82 de grosseur et de 10^m 54 de hauteur, forme l'entrée. Élevé sur deux marches, il offre derrière la rangée des colonnes un passage couvert pour les voitures. Tout l'édifice est construit en briques, recouverte d'un enduit; ses murs ont environ 1 mètre d'épaisseur dans le bas, et les angles sont consolidés par des pilastres à l'intérieur, qui correspondent avec d'autres pilastres placés aux angles des façades et entre lesquels se trouvent des croisées feintes. La hauteur des murs est, à l'extérieur, d'à peu près 19^m 50; dans l'intérieur, de 24 mètres, et, depuis le sol jusqu'au sommet de la lanterne, de 34 mètres; selon l'usage généralement adopté en Angleterre, de forts chaînages en bois lient les murs en briques dans le bas et dans le haut. La coupole est en charpente; elle se compose de cintres disposés d'après le système de Philibert Delorme; elle est couverte en cuivre, comme l'est aussi le portique. Au milieu de l'édifice, deux cylindres concentriques en pans de bois supportent trois galeries, d'où l'on peut voir la peinture à différentes hauteurs. Ces galeries, dont la première est à 15 mètres du sol, ont la forme et les dimensions de celles qui se trouvent en réalité à l'église de Saint-Paul, et sont surmontées par l'ancienne boule et l'ancienne croix de ce monument, comme de curieuses reliques. Dans le cylindre extérieur, d'environ 5^m 50 de diamètre, se trouve pratiqué un petit salon mobile d'une dimension de 3 mètres, à l'aide duquel les spectateurs peu-

vent se faire monter, par l'action d'une machine à vapeur de la force de six che-
vaux, au niveau de la première galerie. Mais comme cette ascension est volon-
taire, un escalier de 2 mètres de largeur, disposé dans l'espace laissé vide entre
les deux cylindres, mène également à tous les étages supérieurs. De la dernière
galerie, un autre escalier conduit, à travers une ouverture de la lanterne, sur
le sommet de la coupole entouré d'un appui. De là on jouit d'une vue très-inté-
ressante sur la partie de Londres qui avoisine le *Colosseum*.

La toile est clouée en haut sur un cercle éloigné du mur de 0^m 75. Ce cercle
forme la base d'une espèce de fausse coupole suspendue aux principales courbes
du dôme. Cette coupole, qui réduit le véritable diamètre du panorama à 36^m 50 environ, est couverte d'un enduit sur lequel est peint le ciel qui se raccorde avec la
toile fixée dans le bas sur un autre cercle en bois. Ce cercle est pesamment
chargé dans son pourtour, de manière à ce que la toile reste toujours bien ten-
due, nonobstant les changements de la température, réglée elle-même par des
conduites mises en communication avec la machine à vapeur. La ventilation se fait
au moyen d'ouvertures laissées au sommet de la lanterne.

Autour de l'escalier circulaire du cylindre central est pratiquée une grande
salle de 8 mètres de large, destinée à différentes expositions. Il en est de même
d'une salle au-dessus du vestibule, derrière le portique, qui sert à faire voir
des tableaux. L'entrée à ces expositions, dont le nombre est très-multiplié dans
les jardins qui entourent le *Colosseum*, aussi bien que l'ascension et l'admission
sur la coupole, est payée indistinctement un *schelling*, comme la vue du panorama.

L'édifice a coûté 30 000 livres sterling (750 à 760 000 fr.) Il a été
exécuté sur les dessins et sous la direction de M. Décimus Burton, architecte distingué, à qui Londres doit beaucoup d'autres beaux et importants
édifices.

On voit, par cette description, que le fondateur du *Colosseum* a voulu non-
seulement élever une rotonde propre à l'exposition d'un panorama, mais aussi
établir une construction qui pût offrir, à l'entrée d'un des plus beaux quartiers
de Londres, un aspect monumental ; car, à part la forme polygonale et la différence dans le nombre des colonnes et dans certains détails qui sont inspirés de
l'architecture dorique grecque, l'ensemble présente, comme masse, une grande

ressemblance avec le Panthéon d'Agrippa , et plus encore avec l'église élevée par Canova à Possagno, lieu de sa naissance (1).

La remarque de cette conformité du *Colosseum*, dans sa disposition et sa masse, avec des monuments d'une destination aussi opposée , serait peut-être une critique partout ailleurs qu'à Londres , où l'on voit souvent une grande réunion de petites maisons particulières offrir l'aspect d'un seul et immense palais. et où les portiques et les colonnades, à peu près d'un même aspect et d'un même caractère, décorent indistinctement les églises et les théâtres, l'université et l'hôtel des postes, l'école de chirurgie et l'hôtel-de-ville, et quantité d'autres édifices qui n'ont aucune analogie entre eux.

Quant au panorama en lui-même , la place occupée par le spectateur imite bien aussi la réalité du lieu d'où le peintre a dessiné sa vue ; mais ces localités sont d'étroits corridors qui ne permettent de regarder le tableau que devant soi , sans pouvoir étendre la vue ni à droite ni à gauche ni derrière soi autrement qu'en se déplaçant, ce qui produit un effet peu satisfaisant. Il en est de même de la singulière idée de faire monter le spectateur à trois sols différents, élevés de 3^m en 3^m l'un au dessus de l'autre, pour voir une perspective qui, à l'exception du niveau d'où elle a été prise , ne peut pas offrir d'illusion étant contemplée de toute autre part.

De plus, le bas de la lanterne se composant de trente-deux courbes et de leurs entretoises horizontales, dont les carrés sont croisillonnés et remplis de verres blancs non dépolis, il résulte encore de l'ombre portée par ces bois sur le tableau et de la vivacité de la lumière reflétée sur la toile à travers les carreaux, quand il y a du soleil , l'absence de toute illusion. Il était facile d'éviter cet effet

---

(1) Cette église, toute en marbre blanc, est, dans sa disposition principale, la reproduction de la rotonde dédiée aux divinités de l'ancienne Rome, et, dans son porche, une copie de celui du temple de Minerve, à Athènes. Elle est ornée de sculptures dues au ciseau et d'un tableau dû au pinceau de ce célèbre artiste. Canova a voulu sans doute donner, dans ce monument, les preuves de son talent comme architecte et comme peintre ; mais il s'est moins occupé de sa propre aptitude pour atteindre ce but avec succès, qu'il n'a été probablement séduit par la pensée de se voir comparer un jour à *Polyclète d'Argos*, cet émule de *Phidias*, qui paraît n'avoir pas été étranger à la peinture, et qui fut l'architecte d'un temple circulaire, aussi tout en marbre blanc, élevé à *Epidaure*.

en adoptant les verres dépolis ; mais, à Londres, la masse du public est demeurée tellement étrangère au sentiment du vrai dans les arts , que l'apparition successive et multipliée de ces projections d'ombres ou de clairs sur le ciel et sur les objets les plus éloignés comme les plus voisins de l'œil , charme la plupart du temps la vue de presque tous les spectateurs , sans choquer la raison d'un seul.

En résumé , sous le rapport des moyens employés pour produire une plus grande illusion , loin qu'il y ait perfectionnement dans le panorama de Londres , il n'y a rien qui puisse être comparé, ni aux anciens procédés appliqués aux belles pages de M. Prévost , ni aux nouveaux procédés qui ont produit les pages non moins belles et d'une illusion plus complète encore de M. Langlois (1).

D'après ce qui vient d'être dit sur les constructions importantes élevées depuis l'origine de l'exposition des panoramas jusqu'en 1829 , le *Colosseum* est le premier édifice de ce genre qui , à cause de sa décoration architecturale , ait pu figurer parmi les monuments propres à participer à l'ornement d'une ville. Sous ce rapport , Londres avait devancé Paris. Mais en France, où l'on devait déjà à l'auteur des Panoramas de Navarin , d'Alger et de la bataille de la Moskowa , des innovations si remarquables , il était également réservé à cet artiste d'être , pour l'exposition des panoramas , le fondateur d'une rotonde qui devait surpasser en grandeur , même le vaste édifice fondé par M. Horner.

Les projets d'embellissement des Champs-Élysées, dont l'administration de la ville de Paris s'était occupée depuis longues années et à l'exécution desquels M. le comte de Rambuteau , préfet de la Seine , et les membres du conseil municipal, avaient imprimé, après 1830 , une nouvelle impulsion, donnèrent à M. Langlois l'idée de faire construire dans cette belle promenade une rotonde pour l'exposition des panoramas.

Un grand espace circulaire, situé dans un massif qui sépare le Cours-la-Reine du Grand-Carré des fêtes, ayant été jugé le plus convenable pour cette construction , parce qu'elle n'y pouvait obstruer aucun point de vue de quelque intérêt et qu'elle ne nécessitait l'abattage d'aucun arbre, un arrêté pris le 27 octo-

(1) Il est intéressant de lire, dans l'*Essai sur les Beaux-Arts*, publié en 1817-1818 par M. Miel, ce que dit ce judicieux aristarque sur les panoramas en général, et en particulier sur celui de la ville de Londres, peint par M. Prévost et exposé alors à Paris.

bre 1838, par M. le préfet, à la suite d'une ordonnance royale du 27 septembre précédent, concéda ce terrain à M. Langlois, pour une jouissance de 40 années, à partir du 1er janvier 1839.

Longtemps avant ce moment, j'avais dû m'occuper du projet de cette construction, pour laquelle les principales données du programme avaient été :

1° De porter le diamètre de la rotonde à 40 mètres ;

2° De disposer la couverture en forme conique, avec l'entière suppression du poteau central ;

3° D'éclairer la rotonde au moyen d'une zone de châssis vitrés, éloignés de 2 à 3 mètres du pied du comble ;

4° D'éviter qu'aucun corps intermédiaire entre les châssis et le mur de la rotonde pût porter ombre sur la toile ;

5° Et enfin, de satisfaire à toutes ces données, avec le moins de dépense possible, tout en adoptant, à l'extérieur de l'édifice, une disposition décorative qui pût donner quelque intérêt à son aspect.

On voit que, sous l'empire de ces données, il fallait, avant tout, renoncer au moyen le plus simple et le premier qui dût venir à la pensée, c'est-à-dire, à l'emploi d'une voûte à plein-cintre ; la forme du comble, demandée conique (1), la grande dépense qu'aurait occasionnée tout système de charpente cintrée, et la forte épaisseur des murs, indispensable pour résister à la poussée même de la voûte la plus légère en bois, s'y opposaient. Il en était de même de toute autre combinaison de charpente, au moyen d'entraits et d'aiguilles pendantes ; ce système, déjà rendu très-difficile, sinon impossible, à cause du grand diamètre de la rotonde, ne pouvait d'ailleurs s'adapter, par l'impossibilité de l'appliquer au niveau du pied du comble, où rien ne devait intercepter le jour et porter ombre sur les murs. Il fallait donc, puisque toutes les combinaisons de la charpente du comble avec sa forme donnée ne pouvaient se passer de points d'appui, dont l'établissement, dans l'intérieur du bâtiment, était impossible, il fal-

---

(1) La forme conique du comble joint au grand avantage d'être beaucoup plus économique que toute forme circulaire, à cause de sa façon moins compliquée et de son moindre développement pour couvrir un même espace, les autres avantages si importants pour les panoramas, de permettre que les châssis vitrés soient placés beaucoup plus près de la toile peinte et donnent, avec une moins grande superficie de vitraux, beaucoup plus de lumière.

lait, dis-je, trouver le moyen de placer ces points d'appui au dehors. Ce fut cette nécessité qui me suggéra l'idée d'appliquer à la nouvelle construction le système de suspension des ponts, au moyen de câbles en fils de fer.

Dans les premières études de cette application, j'avais établi six contre-forts auxquels étaient fixés autant de câbles. Ces câbles soutenaient, à leur point central de réunion, un poinçon principal d'un comble en fer, et remplissaient en conséquence les fonctions du poteau élevé au milieu des anciens panoramas. La plus grande dépense que cette construction toute monumentale devait naturellement occasionner, fit renoncer à l'emploi du fer, pour y substituer le bois.

En charpente, il était possible, soit de suspendre, comme dans la construction en fer, le comble au milieu, soit de le suspendre à quelque distance du centre. Je préférai ce dernier parti, qui se prêtait davantage à l'emploi de bois légers, par la diminution des portées et la répartition des points d'appui. Du reste, je conservais la division en six pour les contre-forts, pour les câbles et pour les fermes. Toutes les parties de cet ensemble étant calculées en raison de la solidité qu'elles devaient offrir, le système était simple, économique, en même temps qu'imposant et satisfaisant dans son aspect extérieur. Des craintes, qui sont toujours la première impression produite par une application de tout nouveau système de construction ayant quelque hardiesse apparente, et qui dégénèrent presque toujours en une opposition décourageante, durent me faire renoncer à cette seconde modification de ma première idée.

Je fis donc un nouveau projet, dans lequel, tout en maintenant le système général primitif, je doublais le nombre des points d'appui, ainsi portés à douze; puis, au lieu d'établir, seulement entre les deux contre-forts de la façade principale, les localités nécessaires aux bureaux et aux logements des employés, disposition qui laissait au monument tout son caractère d'unité, j'ajoutais au pourtour de la rotonde des portiques à arcades. Il en résulta le projet dont le plan et l'élévation sont présentés sur les planches 4 et 1.

Comme ce projet, sous le rapport de la décoration extérieure, de la construction du comble et du système de suspension, est l'expression la moins éloignée de ma première pensée, modifiée partiellement dans l'exécution, je vais exposer, avant tout, la théorie qui a présidé à sa conception.

L'emplacement où la rotonde devait être élevée ne permettant pas l'adoption

de retenues fixées loin du monument, il fallait que les contre-forts fussent disposés pour y attacher des câbles et résister à leur tension. De leur nombre, fixé
à douze, il résultait une subdivision du mur de la rotonde en arcs assez petits
pour qu'il fût permis de considérer ce mur, au niveau de la corniche en pierre
dure, comme un polygone dont les côtés, adjacents à un même contre-fort,
étaient deux forces opposées à la traction des câbles. De cette façon, la résistance
du système était presque obtenue aux dépens de la corniche et du mur.

Mais, pour que ce système fût convenablement employé, il fallait que le péri-
mètre du polygone circonscrit à la circonférence du mur ne se trouvât nulle part
hors de ce mur ou de ces contre-forts. Voici comment j'ai satisfait à cette donnée :

De la division de la circonférence en douze parties, il résulte que chaque arc,
du milieu d'un contre-fort au milieu de l'autre, est de $\frac{360}{12} = 30°$; sur quoi, re-
tranchant $2^m 30$ pour renfort de chaque contre-fort, correspondant à $6° 46'$, il
reste un arc non engagé de $23° 14'$, dont 1/2 ou $11° 37'$ a pour sinus-verse $0,02048$.
Ce nombre, multiplié par $19^m 50$ (rayon de la circonférence intérieure, le mur
ayant $0^m 50$), donne $0^m 399$ de courbure seulement.

Les droites formant le polygone circonscrit au parement intérieur du mur
sont donc entièrement renfermées dans l'épaisseur du mur, et à plus forte raison, dans la partie solide de la corniche en pierre, dont la largeur totale est
de $1^m 00$, et au moins de $0^m 90$ de la face du larmier au dans-œuvre du mur.

La corniche peut donc être considérée comme renfermant un polygone dont
les côtés, aboutissant à chacun des contre-forts, seraient un prisme rectangu-
laire de $(90 - 40) = 0^m 50$ sur $0^m 30$ de côté (1).

L'angle formé par les deux côtés consécutifs du polygone, étant $(180 - 30)$
$= 150°$, dont la 1/2 est $75°$, le rapport de la pression contre un des côtés du
polygone, sera à l'effort horizontal dirigé vers le centre, comme le sinus de $75°$
est au sinus de $30°$ ou $\frac{966}{500}$.

(1) Indépendamment de la butée de la corniche dans la hauteur du larmier, qui est seule
comptée ici, les parties inférieures de la corniche, qui ont $0^m 20$ de hauteur, offrant un prisme
compté de la même manière, de $0^m 35$ de large sur cette hauteur de $0^m 20$, produisent une surface
de 700 centimètres.

La première chose à déterminer, dans ce système de construction, est donc la disposition du comble, et, par suite, son poids.

Comme j'ai adopté, ainsi qu'il a été dit, la suspension du comble à quelque distance du centre, sa charpente offre douze demi-fermes assemblées dans un poinçon central, et entretenues chacune par une double moise embrassant aussi un autre poinçon à $8^m 40$ du centre. Ce poinçon, assemblé par le pied sur un sabot en fer, est soutenu par un des câbles de suspension à un des angles d'un dodécagone en fer (1). Cinq arbalétriers intermédiaires sont disposés entre chacune des douze demi-fermes.

Un cours de croix de Saint-André, placées verticalement, rattache ces mêmes demi-fermes entre elles ; une contre-fiche soulage l'arbalétrier de chaque demi-ferme.

Des entretoises très-légères, espacées de $0^m 65$ de milieu en milieu, supportent la volige.

D'après la description qui précède, le poids du comble peut être établi comme il suit :

CHARPENTE.	CHÊNE.	SAPIN.	POIDS.
L'arbalétrier en 4 morceaux..............................	»	0 678	
1 poteau..	0 169	»	
3 contre-fiches avec 2 moises formant faux entraits...........	»	0 426	
1 morceau entre les moises, ajusté dans le poinçon........ ...	0 056	»	
11 autres demi-fermes, produisant......................	2 475	12 144	
1 poinçon	0 858	»	
5 cours de pannes principales, réunissant les grandes fermes, en 12 morceaux...	»	9 216	
Pour former les demi-fermes secondaires, 24 arbalétriers.....	»	6 911	
18 cours d'entre-toises en petites pannes recevant la volige..	»	6 318	
12 entre-toises entre les poinçons........................	»	0 816	
24 branches de croix de Saint-André......................	»	1 440	

(1) Ce dodécagone proposé sous les poinçons intermédiaires a été remplacé, dans l'exécution, par le double cercle représenté *Pl. 4. Fig. 3.*

Pour la Lanterne.

12 poteaux...	»	0 245
12 demi-entraits.....................................	»	0 288
12 arêtiers..	»	0 360
	3 558	38 842

Résumé du Poids de la Charpente.

	k.	
3 st. 558. Chêne à 1000 k. le stère.....................	3 558.00	
38 842. Sapin à 700 id.........................	27 189.00	
Total du Poids de la Charpente.....................	30 747.00	30 747.00

SERRURERIE.

	k	
Le dodécagone recevant l'attache des 12 câbles..........	1 274.00	
Les boulons, plates-bandes et autres ferrures...........	1 000.00	
Les 12 câbles.......................................	2 545.00	
Total du Poids de la Serrurerie.....................	4 819.00	4 819.00

COUVERTURE.

	k.	
La volige, 27 st. 67 à raison de 660 k. le stère.........	17 864.00	
Le zinc, 1353m 36 à 7 k. le mètre.....................	9 472.00	
La neige, évaluée à 0m 10 d'épaisseur, comptée pour 0m 01 de glace sur 1353m 36 pour 13 533m 00 à 1000 k. 00, ci............	13 533.00	
Total du Poids de la Couverture.....................	40 870.00	40 870.00
Charge imprévue....................................		1 564.00
Poids total..		78 000.00

Ou, par chaque douzième, 6500 k. 00.

Ce poids est réparti sur douze câbles, faisant avec l'horizon un angle dont la tangente est 0,333, et la sécante 1,054.

La tension du câble est donc égale à $\dfrac{78\,000^k \times 1\,054}{12} \times 0,333 = \dfrac{6500 \times 1054}{0,333}$ $= 20\,573^k$.

Prenant pour la résistance dont on peut charger les câbles 15^k par millimètre superficiel, équivalent au 1/3 environ de la charge de rupture, il faudra employer $\dfrac{20\,573}{15} = 1\,372$ millimètres superficiels, ou, pour le rayon de la corde., $R = \sqrt{\dfrac{1372}{3,1416}} = 0,0209$ et $2\,R = 0^m\,0418$.

Mais la tension horizontale du câble étant de $6500 \times 3 = 19\,50$ lesquels, multipliés par le rapport de la hauteur des points d'attache du câble à la hauteur du dessus de la corniche, ou $\dfrac{90}{65} = \dfrac{19\,500 \times 90}{65} =$ environ $27\,000^k$ (expression de la résultante) $\dfrac{27\,000 \times 966}{500} = 52\,164^k$, ce dernier nombre sera donc l'expression d'une composante, ou de l'effort tendant à comprimer la corniche.

La partie résistante de la corniche ayant été supposée présenter une surface de $0^m\,30 \times 0^m\,50 = 0^m\,15$, plus, une autre de $0^m\,35 \times 0^m\,20 = 0^m\,70$ (ensemble 2200 centimètres superficiels), et le poids sous lequel la pierre est présumée susceptible de s'écraser pouvant être de 120^k par centimètre superficiel, cette corniche résistera donc à une pression de $2200 \times 120 = 264\,000^k$, ou de 5 fois et 1/15 celle qu'elle est destinée àsupporter.

Mais de ce que la corniche peut opposer une résistance supérieure aux forces qui tendent à la faire rentrer ou s'écraser, il s'ensuit que la partie inclinée de l'arc-boutant peut être valablement supposée avoir son centre de rotation à la hauteur de cette corniche. L'inclinaison de cette partie de la construction divisant en deux parties égales l'angle formé par les deux directions du câble incliné et de la chaîne verticale, il suffit de charger l'extrémité inférieure de la chaîne d'un poids égal à sa tension ou à $19\,500^k$, ce qui équivaut à environ 11 mètres cubes de maçonnerie.

Or, d'après les mesures des contre-forts, la partie de maçonnerie, seulement à égale distance autour de la chaîne verticale, étant d'environ 21 mètres sur 1 mètre carré réduit, produit 21 mètres, en sorte que les cubes de maçonnerie laissent à cette disposition bien au delà de la solidité nécessaire.

Du reste, tous les calculs sont faits dans la supposition que le poids du comble ne s'appuiera aucunement sur le mur ; mais il n'en est pas moins certain que ce mur portera, sans inconvénient, une partie de la charge, et que les arbalétriers principaux et la très-forte plate-forme circulaire contre-buteront en partie le tirage du câble.

Pour la dilatation des câbles, elle sera peu de chose ; car son action ne sera bien sensible que dans les parties exposées à l'air extérieur. Mais quand bien même on prendrait la longueur totale du câble, soit environ 55 mètres, comme base du calcul, la dilatation du fer tiré étant 0,00123 pour 100 degrés, et la température étant supposée varier de 30°, la dilatation sera, par mètre, de 0,00037, et pour 55 mètres de 0,02.

Or, comme le mouvement vertical qui résulterait du rallongement est égal à ce rallongement multiplié par la sécante et divisé par la tangente de l'angle du câble avec l'horizon, on aura $\dfrac{0,02 \times 1,054}{0,33_3} = 0,063$.

La variation de hauteur du comble sera donc toujours au-dessous de $0^{m}07$. Or, cette différence est de beaucoup inférieure à l'élasticité de la construction la mieux assemblée, d'une portée aussi considérable ; en sorte que l'on peut, sans inconvénient, laisser la circonférence du cône s'appuyer sur les murs du pourtour, ce qui soulagera les câbles d'un grand effort.

Afin que l'ensemble du contre-fort puisse former, pour ainsi dire, une seule et même masse dans toute sa hauteur, avec les chaînes verticales, ces dernières sont faites de manière à ce qu'au droit de chaque emmanchement un des boulons sert d'ancre. Elles sont, en outre, scellées avec du bitume, qui, par son adhérence à la pierre et aux barres de fer, ajoute encore à la solidarité des contre-forts avec les chaînes, en même temps que celles-ci trouvent dans cette enveloppe un préservatif assuré contre la rouille.

Deux tirants, placés au-dessus des arcs inférieur et supérieur, complétaient le système général de l'exécution des contre-forts.

On voit que rien n'avait été laissé au hasard dans l'application de la suspension au comble de la rotonde, et que si les poids à supporter ont été évalués beaucoup au delà de ce qu'ils seront dans la réalité, si l'adhérence des matériaux par le mortier, le plâtre et le bitume, n'a été comptée que pour peu, si enfin les éperons, au droit du mur circulaire, ne sont entrés pour rien dans le calcul des moyens de résistance, il n'en est pas moins évident que toutes ces forces devaient ajouter beaucoup à la solidité réelle.

Malgré l'exposé de cette théorie, dont l'expérience a confirmé toutes les prévisions, mon projet a subi plusieurs changements résultant des observations contenues dans un rapport du Conseil des Bâtiments civils. Ces observations se résumaient dans les demandes :

1° De fretter les arbalétriers moisés et de revoir les calculs d'évaluations de pesanteur ;

2° De substituer six chaînes entières, se croisant au centre, aux douze parties fixées au dodécagone, en fer forgé, proposé par moi ;

3° De supprimer, autant que possible, toutes les ouvertures projetées dans les éperons ;

4° D'abaisser les points d'appui des chaînes, en tâchant de répartir la charge verticalement sur le mur ;

5° De combiner les points d'attache de manière à ce qu'ils formassent charnières, se prêtassent au mouvement de la dilatation, et fussent rendus visibles ;

6° Enfin, de construire les arcades de l'étage inférieur en même temps que les contre-forts, et même de rattacher ensemble ceux-ci, etc.

Quant à la première de ces demandes, concernant le frettage, comme ce moyen ordinaire de consolidation aurait été employé dans tous les cas, il me fut facile d'y souscrire, ainsi qu'à la révision des calculs, qui furent reconnus exempts d'erreurs.

Sur la seconde demande, je fis observer que l'emploi du dodécagone avait eu pour objet de laisser le milieu du comble entièrement libre, et que, par rapport à la condition de solidité, elle était aussi certaine avec des fers suffisamment forts, que celle des câbles, dont la rupture pouvait être également à craindre, en admettant l'insuffisance de leur force ; que, quant aux câbles continus demandés, ils offriraient plusieurs inconvénients :

1° Celui de la superposition, qui ôterait à leur tirage l'action horizontale, attendu que les six câbles, passant l'un sur l'autre, formeraient, dans leur *maximum*, une épaisseur de 0^m 30 cent. ;

2° Celui du frottement continuel des câbles les uns sur les autres, en cas de dilatation ou de rétraction ;

Et 3°, enfin, la difficulté de leur donner la tension nécessaire, puisque ce système ne permettait d'agir qu'aux deux extrémités de câbles ayant 60 mètres de longueur.

Je proposai en conséquence le moyen employé dans l'exécution, et qui est présenté *Pl. 4, Fig.* 3. Il consiste dans l'établissement de deux cercles doubles. Les câbles passant entre ces cercles y sont retenus au moyen de coussinets et de coins, qui permettent de les tendre à volonté.

Pour ce qui était de la suppression des ouvertures dans les contre-forts, je fis sentir qu'avec l'adoption des portiques continus au rez-de-chaussée, la direction du tirage des câbles passant dans le plan des contre-forts, et surtout le système de chaînages horizontaux adopté pour les différents étages, cette demande me paraissait une grande exagération en fait de précautions, et d'autant moins fondée que les contre-forts devaient, dans ce système, être exécutés en pierres appareillées avec soin, tandis que, pleins, ils devaient être construits en moellon ; que, d'ailleurs, l'adoption de ce mur plein chargerait inutilement les arcades à jour, indispensables au rez-de-chaussée pour la communication entre les portiques, et qu'elle ôterait en outre aux contre-forts leur apparence de légèreté et leur disposition architecturale.

Mais comme la demande « d'abaisser le point d'appui des câbles et d'en répartir la charge verticalement sur le mur » était pour moi le point principal de la question, attendu que son adoption me faisait perdre ce que je m'étais surtout attaché à trouver, c'est-à-dire la faculté d'appliquer mon système de suspension, de manière à obtenir des formes architectoniques avec un moyen de construction plus industriel que monumental, il s'agissait surtout de prouver qu'il n'y avait aucun avantage à satisfaire à cette demande. Le système substitué au mien ayant dû, par son identité absolue avec celui dont l'application est commune à presque tous les ponts, être le premier à surgir dans le nouvel emploi que j'avais eu l'idée d'en faire à la rotonde des panoramas, il fallait bien, puisque je ne l'avais pas préféré de prime-abord, que ce fût pour des raisons fondées.

Ces raisons étaient, en effet, d'appliquer mon système de suspension avec simplicité et économie, et de faire concourir l'art aux détails comme à l'ensemble des contre-forts, de manière à imprimer à l'édifice un caractère neuf et architectural.

En exposant d'ailleurs géométriquement (Voir *Pl. 4, Fig.* 7.) que la résultante des deux systèmes était absolument la même ; que, par conséquent, l'intermédiaire des bielles en fonte placées sur le mur n'apporterait qu'une solidité apparente à l'œil, mais illusoire au fond ; qu'elles ne feraient qu'augmenter la dépense par leur prix élevé et le surcroît des attaches qu'elles nécessitaient, en même temps que la réduction de la hauteur des contre-forts au sommet des chaînes verticales offrirait par leur moindre poids une moindre résistance ; en exposant, dis-je, toutes ces raisons ; je dus être surpris de ne pas les voir accueillies.

Du reste, l'insistance du propriétaire, soutenu par un ingénieur distingué, à déclarer mon système inexécutable, dut naturellement avoir quelque influence sur le Conseil des Bâtiments, et le faire persister dans sa demande des bielles sur le mur et de l'érection d'un premier étage entre les contre-forts.

Ainsi, ce qui, dans ma conviction, ne fut originairement qu'un désir de faire réduire la hauteur des contre-forts pour économiser quelques mètres cubes de pierre, économie entièrement négative, comme je l'avais prouvé par des devis comparés, augmenta considérablement la dépense, et diminua l'unité et le caractère dans l'ensemble du projet. Plus je tenais à ce que je croyais rationnel et plus je défendais ma cause, plus on exagérait les éventualités de non-réussite dans une construction envisagée comme hardie, comme nouvelle, et contre laquelle l'accumulation des doutes devenait malheureusement d'autant plus puissante, que ces doutes étaient basés sur des suppositions plus vagues. Je fus enfin contraint d'opérer les changements qui résultèrent de la nécessité de rendre habitables le rez-de-chaussée et l'entresol, et d'ajouter un premier étage. Force fut donc d'introduire partout des cheminées accolées aux contre-forts, aux socles des bielles, creusées dans les piédestaux des porches avancés, et passant à travers le comble même. Il fallut, dans un édifice destiné primitivement à un seul usage, l'exposition de paronamas, et dont le mur circulaire, couvert intérieurement de la toile panoramatique, devait ostensiblement annoncer la destination, il fallut que ce mur disparût derrière une suite de croisées, lesquelles ne pouvaient donner l'idée que d'habitations distribuées dans un bâtiment de forme circulaire, la plus opposée à une pareille distribution. Certes, je fis tout ce qui était en moi pour que des changements aussi notables et des additions surgissant d'un jour à l'autre pendant le cours de la construction, ne laissassent pas de traces, et eussent, autant qu'il était possible, le caractère d'une composition faite d'un seul jet.

Toutefois, si, par rapport aux précédentes questions, il m'est plus que jamais permis de croire à la bonté de mes raisons, de regarder comme peu fondées les objections qu'on y a opposées, d'envisager la perte de ma cause comme un tort fait à l'édifice et comme la source d'une grande augmentation dans la dépense, je reconnus avec empressement la justesse de la cinquième demande concernant la mobilité à donner aux points d'appui des câbles, demande audevant de laquelle j'étais allé dans mes études progressives pour l'exécution, en proposant le moyen employé. (Voy. *Pl. 4*, *Fig. 2*, *lettre A*.)

Il en est de même de la demande de construire les arcades inférieures en même temps que les contre-forts, principe éminemment judicieux, mais tellement de règle générale, qu'avant qu'il me fût recommandé, j'avais exprimé bien des fois mon mécontentement de ce que la rapidité avec laquelle la construction de la rotonde était conduite, eût forcé de ne pousser que le mur circulaire avec les contre-forts, et empêché d'élever tout l'édifice progressivement, comme l'exige une bonne construction. J'ajoute que ce n'a pas été là la seule de mes contrariétés. Entravé dans l'application complète du principe de ma conception, obligé d'entrer souvent en discussion, et la plupart du temps sans succès, pour obtenir l'emploi de matériaux convenables; harcelé continuellement pour faire marcher les travaux avec la plus grande rapidité au milieu de la saison la plus défavorable, je ne comprends pas encore comment, à travers toutes ces entraves, j'ai pu mener à fin cet important travail en huit mois de temps. La rotonde ayant été commencée en octobre 1838, couverte en janvier 1839, le public y fut admis, en mai suivant, et contempla l'*Incendie de Moscou* se déroulant sur la plus grande surface qui eût été jusque là consacrée à la peinture d'un panorama.

Ce ne fut pas un jour ordinaire que celui où la tension des câbles tint le comble suspendu; car, en ce moment, la plupart des contre-forts étaient encore isolés dans toute leur hauteur; les arcades de l'étage inférieur étaient loin d'être achevées, et celles de l'étage supérieur n'étaient pas même commencées. Les câbles, après avoir été chargés de poids considérables, au droit des cercles., sans produire aucun effet, furent soumis à une épreuve qui aurait dû les faire rompre vingt fois et entraîner les contre-forts, si le surcroît de force obtenu par la perfection de l'exécution de la charpente et par les principes de consolidation qui existaient en dehors des calculs de la théorie du système, n'eût été immense. Cette épreuve consistait à faire servir successivement et isolément chaque câble de point d'appui aux cordages avec lesquels furent descendues toutes les énormes pièces de charpente de l'échafaud. On comprendra aisément quelle action puissante devaient exercer les secousses innombrables et partielles produites par le glissement irrégulier de pareilles charges, qui descendaient parfois, inopinément, de deux mètres, s'arrêtaient brusquement, et qui ébranlèrent le comble dans toutes ses parties sans en endommager une seule. Je n'hésite point à avouer la grande satisfaction que je ressentis dans le moment où j'acquis la preuve matérielle de la solidité d'une construction si péniblement terminée, et la joie non moins vive que produisit en moi l'instant où, les échafauds étant entièrement descendus, l'immense comble de la rotonde apparut suspendu en l'air, dans toute la grandeur de son développement. Le souvenir de cette sensation me fera toujours regretter que la destination de l'édifice se soit refusée à ce que l'aspect de cette belle charpente restât exposé à l'œil. Il est certain qu'avec une distribution intelligente de couleurs et de dorures sur les pièces de bois, les fonds et les câbles, rien ne saurait offrir un effet plus extraordinaire et plus riche que les nombreuses combinaisons des surfaces les plus variées, changeant à chaque pas et offrant les jeux des lignes les plus pittoresques ; effet auquel ajouterait un charme de plus le secours de quelques études dans les formes dont on pourrait revêtir la plupart des pièces de bois, sans leur ôter le caractère de leur destination.

En songeant à l'impression que produit la partie centrale du comble du Cirque des Champs-Élysées, qui n'offre guère plus de moitié de la superficie du comble de la rotonde des panoramas, on peut aisément se figurer quel résultat bien autrement grandiose présenterait celui-ci, avec une décoration analogue.

Comme je l'ai déjà dit, c'est surtout à la combinaison et au soin apporté dans l'exécution de la charpente qu'est dû en grande partie le succès obtenu dans l'application du système de suspension à un comble élevé à 15 mètres au-dessus du sol, présentant une plus grande superficie que celle du pont des Invalides. Aussi c'est pour moi un devoir que je remplis avec un véritable plaisir, de citer ici le nom de M. Duprez, un de nos charpentiers les plus instruits et les plus habiles, qui a réuni ses efforts aux miens pour donner à son travail toute la perfection désirable. M. Chavier mérite également des éloges pour les soins qu'il a apportés à la confection des câbles et de leurs accessoires ; de même que M. Roussel, pour la bonne exécution des chaînes verticales. Moins bien servi pour la maçonnerie, ouvrage d'un entrepreneur peu expérimenté dans des travaux aussi importants et aussi difficiles, je n'ai pas à me reprocher d'avoir rien négligé pour que ce choix, qui n'a pas dépendu de moi, fût meilleur.

A la récapitulation de ce que je viens de rappeler, concernant les difficultés que j'ai eues à vaincre, je dois éprouver une consolation en pensant que mes sacrifices d'amour-propre pourront du moins profiter aux artistes qui tenteront de nouveaux essais, relativement à l'application des combles suspendus. La route étant indiquée et en grande partie aplanie par l'expérience, ce système pourra être très-avantageusement employé dans beaucoup de circonstances. Presque illimité pour l'étendue des espaces qu'il peut couvrir, il donne autant de certitude de durée que tout autre genre de construction basé sur l'emploi du fer, en même temps qu'il peut se concilier avec des dépenses proportionnelle-ment peu élevées. En considérant, en effet, que la rotonde des panoramas atteint une hauteur moyenne de 15 mètres, qu'elle occupe une superficie de près de 2050 mètres, que son pourtour se compose d'un corps de bâtiment de 5 mètres de profondeur, à trois étages distribués en appartements, sur un développement de 160 mètres, c'est-à-dire, la même longueur que celle des 47 arcades com-posant la façade des bâtiments du Trésor, depuis la rue de la Paix, jusqu'à la rue Neuve-du-Luxembourg, on doit regarder la dépense de 230 000 fr. pour une pareille construction, comme offrant, sous le rapport de l'économie, un résultat fort avantageux, lequel, joint aux autres avantages obtenus, me donne la conviction d'avoir satisfait, autant qu'il était en mon pouvoir, à toutes les principales données du programme.

EXPLICATION DES PLANCHES.

Pl. 1. Élévation du premier projet de la rotonde des panoramas.

Dans ce projet, un portique, composé d'un rez-de-chaussée seulement, entoure l'édifice. Sur les quatre faces s'élèvent des porches pour l'arrivée à couvert des voitures. La partie supérieure des contre-forts percés à jour, au moyen d'arcades et d'ouvertures circulaires, est apparente, comme le mur circulaire sur lequel est étendue intérieurement la toile panoramatique ; les câbles partent en ligne directe du haut des contre-forts pour porter intérieurement la charpente du comble.

Pl. 2, *Fig.* 1. Plan de la rotonde exécutée.

On y a indiqué les six escaliers qui conduisent à l'entresol et au premier étage, sans les autres distributions.

Fig. 2. Coupe de la rotonde. Elle est représentée telle qu'elle a été exécutée, à l'exception des chaînes de pierres, supprimées par économie. Les trois dernières assises, à partir du dessous de la corniche, ont été seules conservées.

Pour faire voir les contre-forts dans leur forme réelle, on les a représentés sans les souches de cheminées qui y sont adossées.

Dans la partie de la coupe qu'indique la toile peinte, on voit la courbe qu'elle décrit, par sa tension, au moyen de poids suspendus à des perches sur lesquelles cette toile est fixée dans le bas. Dans le haut, elle est clouée sur une ceinture en bois, retenue par des crochets en fer fixés dans les sablières hautes. La courbe de la toile, qui varie selon les changements de la température, rend le tracé des panoramas très-difficile, de même que leur peinture, à cause de la modification graduelle du jour qui varie dans toute la hauteur de la toile. Cette particularité est, du reste, avantageuse pour rendre la brillante clarté du ciel, qui naturellement se trouve presque toujours dans la partie supérieure où la toile est plus éclairée.

Quoique la suppression du poteau central ait été une des principales données du programme, afin de faire participer à la représentation le plateau même des spectateurs, le temps a manqué pour l'adapter à cet usage dans le panorama exposé. On ne profite de cette disposition que pour voir sans obstacle, de tous les points du plateau, et les parties que l'on a devant soi, et celles qui se trouvent dans le sens opposé, ce qui rend l'illusion d'autant plus grande que l'éloignement se trouve augmenté de tout le diamètre de ce plateau. Le faux plafond, capable aussi d'ajouter à l'illusion, n'a été employé ici que comme un pavillon de forme conique, suspendu aux câbles et disposé seulement pour cacher à l'œil le bord supérieur de la toile, comme la plate-forme en avant de la balustrade en fer cache la partie inférieure.

Pl. 3. Élévation de la rotonde telle qu'elle est exécutée.

La proportion des arcades y a été allongée, à l'effet d'établir, dans leur hauteur, un rez-de-chaussée et un entresol assez élevés. Un premier étage, percé de croisées cintrées, est intercalé entre les contre-forts; ceux-ci sont réduits à la hauteur nécessaire pour recevoir les câbles qui portent le comble, au moyen d'un point d'appui ou d'une bielle en fonte posée sur le mur de la rotonde. A l'exception du porche ouvert, au-devant de l'édifice principal qui sert pour l'arrivée à couvert des voitures, les trois autres sont fermés et font partie de la distribution des logements.

Pl. 4, *Fig.* 1. Plan du premier projet de la rotonde. Il correspond à l'élévation représentée *Pl.* 27.

Fig. 2. Détail d'une demi-ferme de comble, avec la coupe d'un contre-fort et l'indication du système de suspension, tel qu'il a été exécuté. On voit en *A* le chevalet mobile. Les lignes ponctuées indiquent l'échafaud qui a servi à supporter le comble avant l'établissement des câbles et au levage de toute la charpente.

Fig. 3. Détail de deux cercles doubles, entre lesquels passent les extrémités des câbles, montés sur leurs croupières; ils sont retenus au moyen de coussinets et de coins.

Fig. 4. Plans et élévations d'une des bielles en fonte, avec les deux pièces courbes auxquelles sont fixées par de forts boulons les croupières des câbles.

Fig. 5. Détail d'un des sabots en fonte sous lesquels passent les câbles ; ces sabots chaussent les douze poinçons formant les points d'appui du comble.

Fig. 6. Démonstration géométrique de la théorie du système de résistance qui a servi de base à la construction du comble suspendu.

Fig. 7. Détail du contre-fort et du système de suspension, tels qu'ils avaient été primitivement proposés. Cette figure démontre que la résultante du système de la suspension directe, c'est-à-dire, sans l'intermédiaire du point d'appui sur le mur circulaire, est absolument la même que celle de ce dernier système.

Appliquant au système de la suspension directe le principe du parallélogramme des forces, en donnant aux côtés $a\,b$, et $a\,c$, les longueurs représentant 20 57 3 kil., tension des câbles, la diagonale $a\,d$, exprimera, en direction et en grandeur, l'effort du câble pour renverser le contre-fort.

Appliquant, à présent, au système de la suspension avec bielle, les mêmes données, les parallélogrammes $a'\,b'\,c'\,d'$ et $a''\,b''\,c''\,d''$ donneront deux résultantes qui pourront être considérées comme composantes d'un nouveau parallélogramme, dont la résultante sera égale à la résultante du premier parallélogramme $a\,b\,c\,d$; ce qui prouve bien que la direction et la puissance de l'effort sont les mêmes dans l'un et dans l'autre système.

Pl. 5, *Fig.* 1. Projection horizontale du comble ; A, plan des entraits moisés B, id., des fermes ; C, id., des chevrons ; D, id., des voliges ; E, id., du zinc et des châssis vitrés ; F, id., des câbles, du poinçon, et de leurs entre-toises d'écartement.

Fig. 2. Projection horizontale de l'échafaud.

G, Plan au niveau du sol ; H, au niveau du plateau du spectateur, disposé d'avance avec l'échafaud ; I, au niveau du plafond suspendu.

1ᵉʳ PROJET DU PANORAMA DES CHAMPS ÉLYSÉES

(Partie)

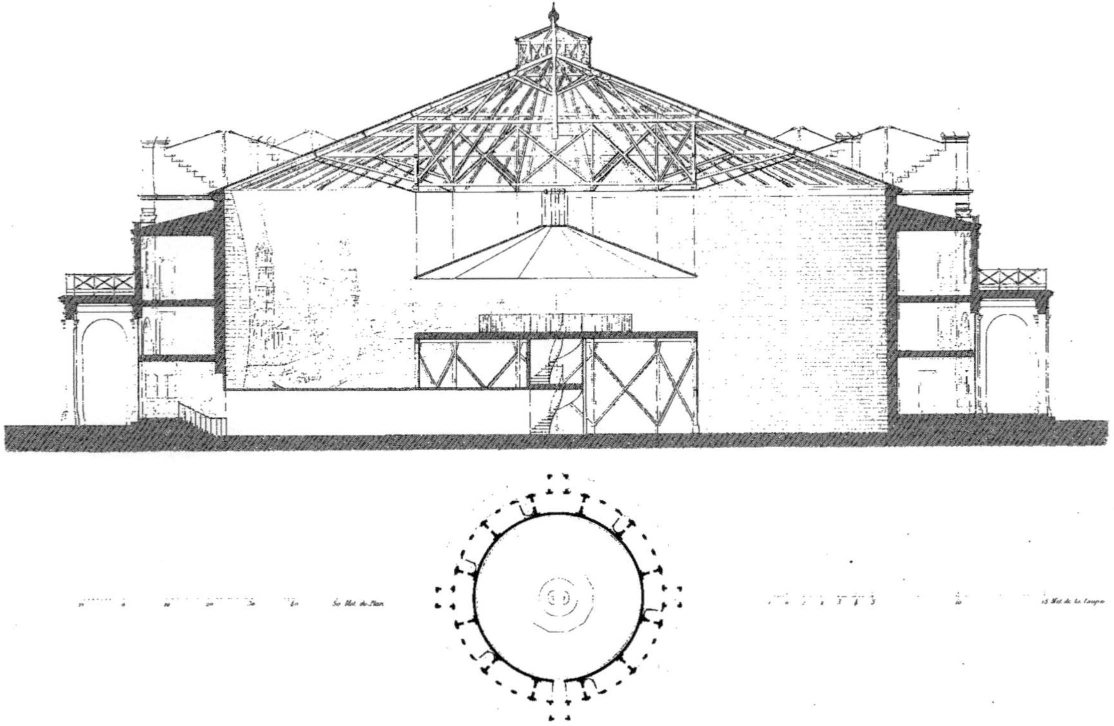

PANORAMA DES CHAMPS - ÉLYSÉES.

Paris

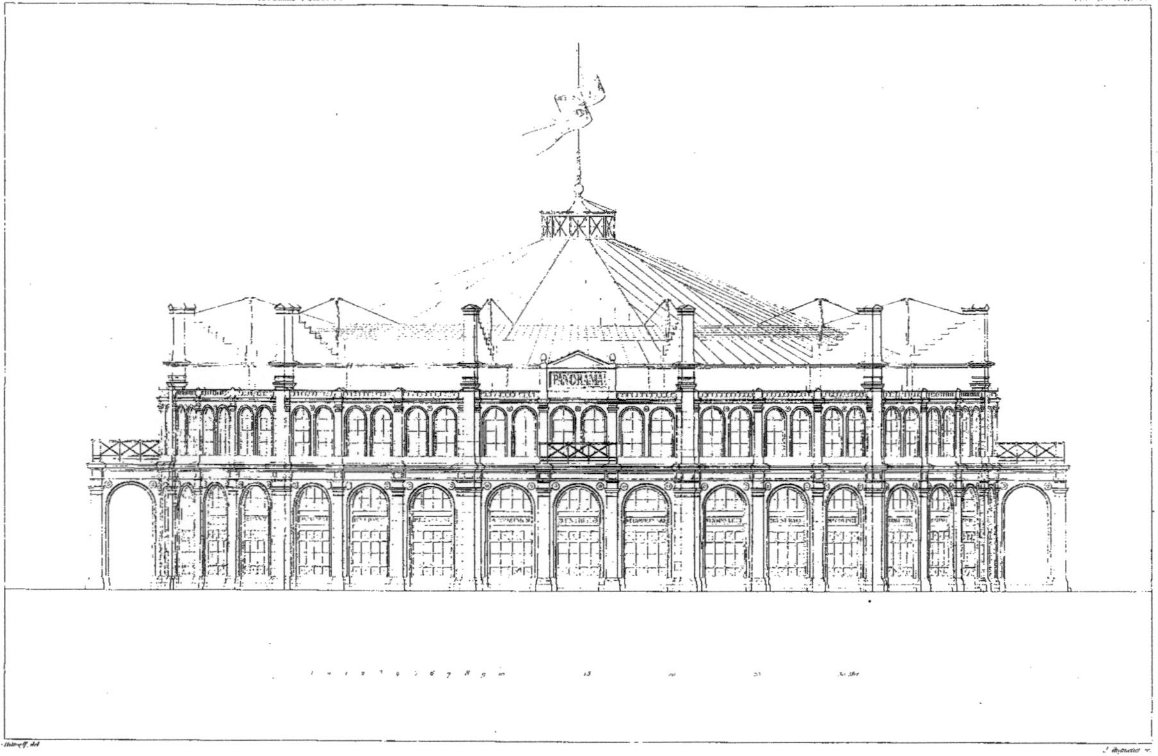

PANORAMA DES CHAMPS - ELYSÉES.

Paris.

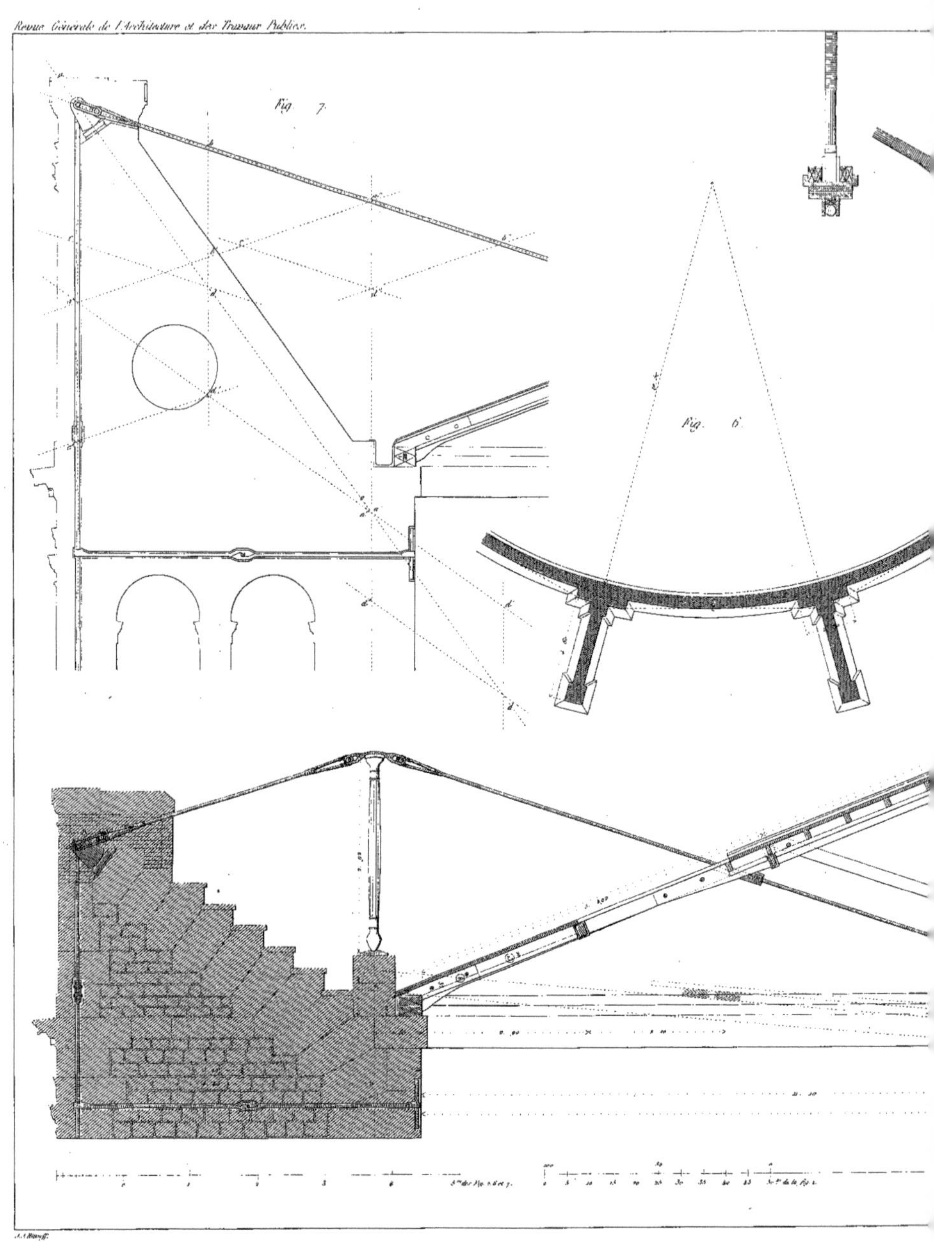

PANOR

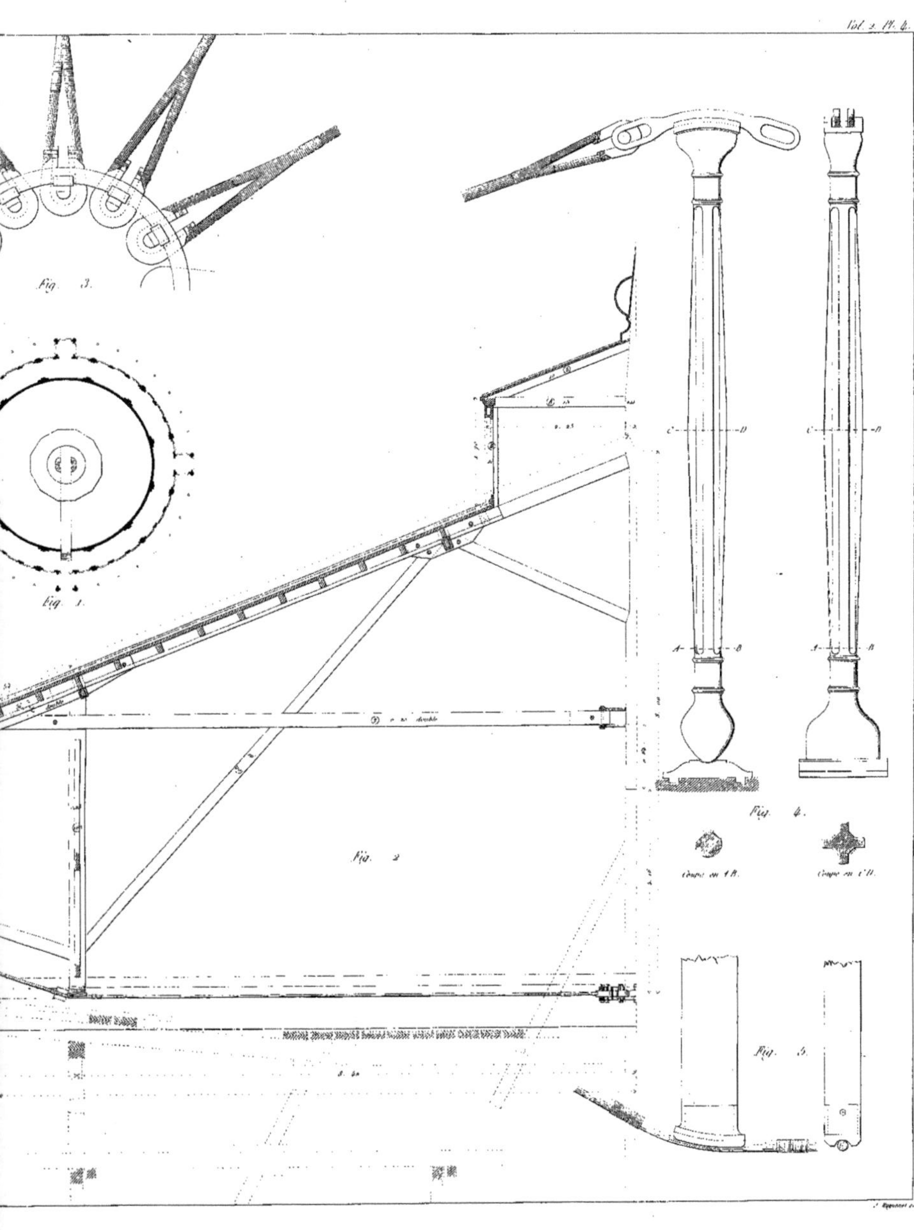

Fig. 3.
Fig. 1.
Fig. 2.
Fig. 4.
Coupe en AB.
Coupe en CD.
Fig. 5.

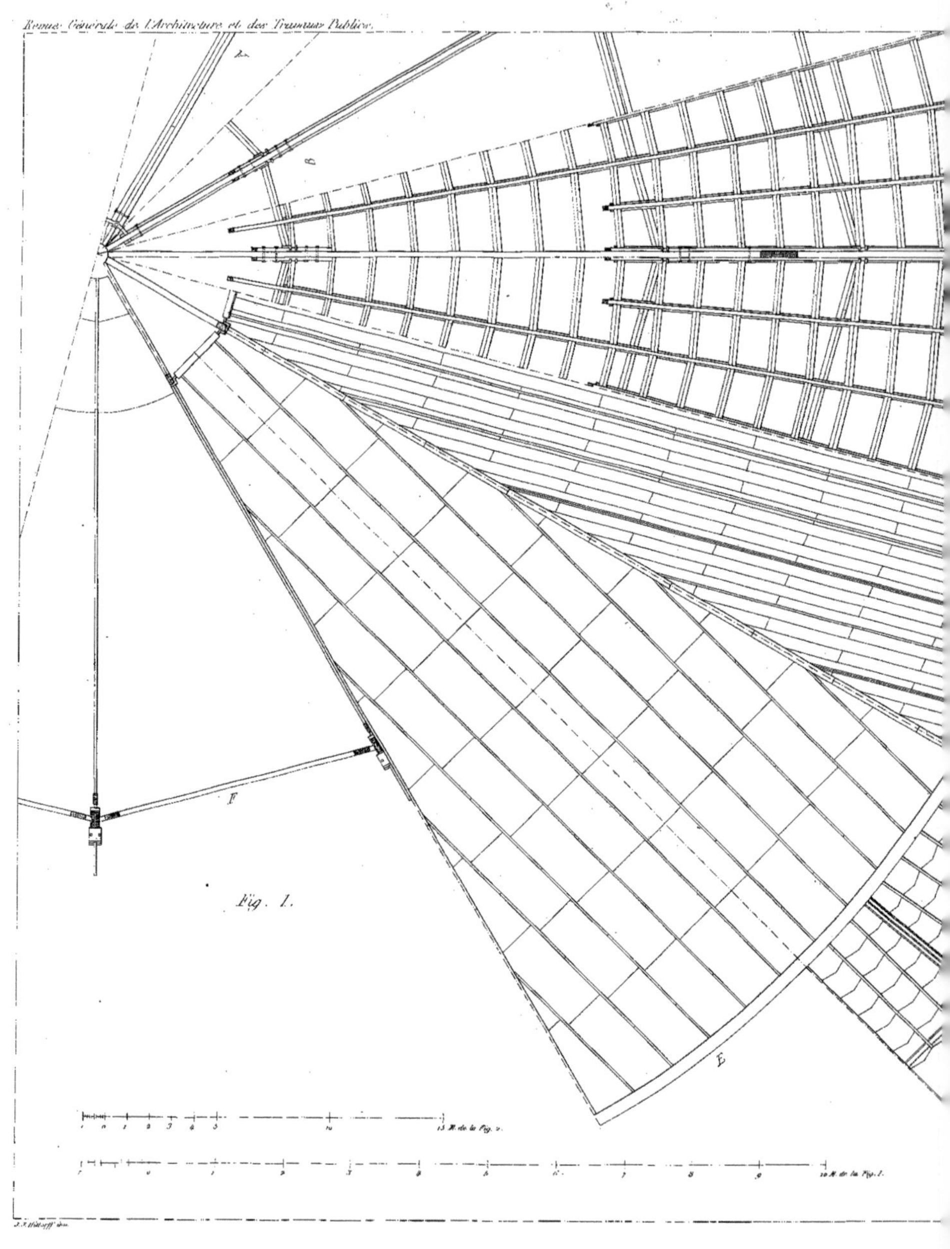
B
E
F
E
Fig. 1.
13 M. de la Fig. 2.
10 M. de la Fig. 1.
J. I. Hittorff del.

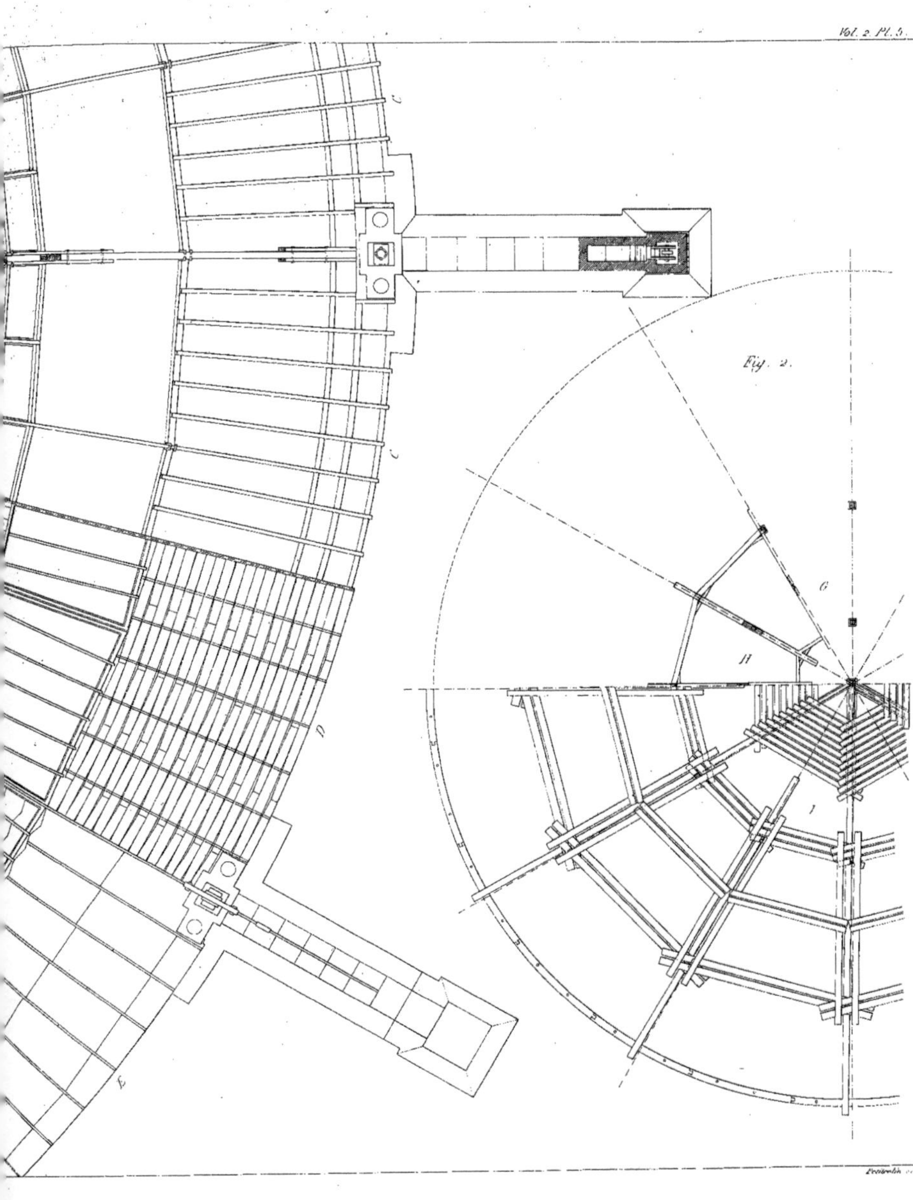

Vol. 2. Pl. 5.
Fig. 2.
C
C
D
E
G
H
I
MPS ELYSEES.

REVUE GÉNÉRALE
DE L'ARCHITECTURE ET DES TRAVAUX PUBLICS,

JOURNAL

des Architectes, des Ingénieurs, des Archéologues, des Industriels et des Propriétaires,

SOUS LA DIRECTION DE **M. CÉSAR DALY**, ARCHITECTE.

Archéologie, Stéréotomie, Terrassement, Charpenterie, Couvertures, Ponts, Routes,
Canaux, Édifices publics, Constructions particulières.
Peinture, Sculpture, Décoration, Ameublement, Bâtiments ruraux, Jardins.
Salubrité, Législation et Jurisprudence.

Il paraît, chaque mois, un numéro de cette *Revue*, composé de trois ou quatre feuilles de texte grand in-4°, élucidé par des gravures sur bois, et accompagné de trois ou cinq planches gravées sur acier.

PRINCIPAUX RÉDACTEURS

MM. Boudsot, Brocchi, *ingénieurs civils*; Michel Chevalier, *ingénieur en chef des Mines*; N. Coste, *capitaine du Génie*; Didron, De Guilhermy, *archéologues*; Gourlier, *inspecteur-général, secrétaire du Conseil des Bâtiments civils*; J.-J. Hittorff, Henri et Théodore Labrouste, Albert Lenoir, *architectes du Gouvernement*; Ch. Lenormant, *membre de l'Institut*; P. Mérimée, *inspecteur des Monuments historiques*; Poloncéau, *inspecteur divisionnaire des Ponts-et-Chaussées*; Edmond Teisserenc, F. Tourneux, *ingénieurs civils*, etc., etc., etc.

ON S'ABONNE

Aux Bureaux de la REVUE, rue de Fürstemberg, 6.

Prix de l'Abonnement :

POUR PARIS,

Un an . . . . 40 fr.
Six mois 20

PAR LA POSTE, POUR LES DÉPARTEMENTS ET L'ÉTRANGER,

Un an . . . . 45 fr.
Six mois 23

PARIS. — TYPOGRAPHIE LACRAMPE ET COMP., RUE DAMIETTE, 2.